하나님과의 동행 연습
프랭크 루박의 1분 게임

THE GAME WITH MINUTES
Copyright ⓒ 2012 Martino Publishing
P. O. Box 373, Mansfield Centre, CT 06250, USA

All rights reserved.
This Korean Edition Copyright ⓒ 2015
by Seoul Logos Co., Inc., Seoul, Republic of Korea.

이 책의 한국어판 저작권은 Martino Publishing과 독점 계약한 서울말씀사에 있습니다.
저작권법에 의해 한국 내에서 보호를 받는 저작물이므로 무단전재와 무단복제를 금합니다.

프랭크 루박의 1분 게임

초판 01쇄 발행 2015년 8월 25일
초판 12쇄 발행 2024년 5월 28일

지 은 이 프랭크 루박(FRANK C. LAUBACH)

펴 낸 곳 더드림
출판등록 제2016-000172호

주   소 서울시 영등포구 은행로55, 5층
전   화 02) 846-9222
팩   스 02) 846-9225
발 행 처 서울말씀사

ISBN 978-89-8434-696-3 03230

*책 값은 뒤표지에 있습니다.

더드림THE DREAM은 서울말씀사의 도서브랜드입니다.

The Game with Minutes

하나님과의 동행 연습

프랭크 루박의
1분 게임

프랭크 루박(Frank C. Laubach) 지음
안정임 옮김

더드림

이 책은 미국에서 15만 부 이상 인쇄되었으며
필리핀에서는 1933년부터 1940년까지
여섯 차례나 재판되었다.

온갖 불행과 영적 불확실성,
영적 굶주림이 만연한 이 시대에
그리스도의 진리를 믿는 사람들이
이 책을 널리 보급함으로써
위기에 처한 사람들에게 큰 도움이 되리라 믿는다.

# Contents

그리스도만이 세상의 유일한 희망이다	8
'1분 게임'에서 이기는 방법	16
어떻게 시작할 것인가?	21
교회에서 시작하기	24
교회에서 집으로 갈 때	28
예수님을 생각나게 하는 곳	32
기차나 군중 속에 있을 때	36
대화를 할 때	40
식탁에서 밥을 먹을 때	44
책을 읽을 때	48
생각에 잠겨 있을 때	52
혼자서 산책할 때	56
잠자기 전 마지막 생각	60
월요일 아침	64

직장에서 일할 때	68
상인들과 은행원들	72
집에 있을 때	76
학교에 있을 때	80
U자형 기도	86
놀거나 운동경기를 할 때	92
하나님과 연인들	96
곤경에 처했을 때	100
'1분 게임'을 할 때 치러야 할 대가	104
'1분 게임'에 이길 때 받는 상	107
새로운 방식으로 하나님께 나아가기	111
누구나 참여할 수 있는 게임	113
하나님과 함께 하는 시간은 매순간이 새로운 시작이다	115
이긴다는 것의 의미	117

그리스도만이
세상의 유일한 희망이다

한 저명한 과학자는 이렇게 말했다.

"모든 헛된 노력의 환상에 젖었던 우리는 이제야 인류에게 남겨진 유일한 희망이 그리스도처럼 되는 것이란 사실을 깨닫게 되었다."

이 말은 수많은 교육자와 정치가와 철학자들 사이에서 널리 회자되고 있다. 하지만 그리스도는 현재의 괴로운 문제에서 세상을 구하지 않으셨다. 그 이유는 자명하다. 자기 자신이나 세상을 구할 정도로 예수님을 잘 믿는 사람은 소수에 불과하기 때문이다. 미국의 경우를 살펴보자. 미국에서 교회에 등록된 교인 수는 전 인구의 3분의 1밖에 안 된다. 그마저도 정기적으로 교회에 출석하는 사람은 절반에도 미치지 못한다. 미국의 목사들은 네 번에 한 번 꼴로 그리스도에 대해 설교한다고 한다. 그러니까 한 달에 30분 정도밖에 그리스도를 전하지 않는 것이다! 훌륭한 설교들도 많고 그중에는 뛰어난 설교들도 있지만 그리스도를 전하는 설교는 너무도 적다.

전 인구의 6분의 1이 일주일에 10분도 채 그리스도를 생각하지 않는데, 어찌 그런 믿음으로 미국이나 세상을 구할 수 있겠는가? 우리는 그리스도를 생각하는 대신 더 많은 시간을 이기심, 탐욕, 증오에 대한 생각으로 우리 마음을 빼앗기고 있다. 한 국가의 국민들이 무엇을 생각하는지는 매우 중요하다. 우리가 그리스도에 대해 더 많이 생각하지 않는다면 우리는 결코 그리스도처럼 될 수 없다.

어느 사범대학 학생들은 일주일에 25시간씩 3년간 수업을 들어야 졸업할 수 있다고 한다. 만일 사범대나 로스쿨이 학생들에게 일주일에 10분만 수업을 듣게 한다면 유능한 교사와 법조인들을 배출해 낼 수 있을까? 그건 예수님도 마찬가지다. 주님은 제자들을 향해 "나에게 와서 3년 동안 하루 24시간을 나와 함께 살고, 나와 이야기하고, 나의 말을 듣고, 나와 함께 일한 뒤에 쉬고, 나와 함께 먹고 자자."고 하셨다. 성경은 예수님이 그들을 선택하셨는데 그 이유는 '자신과 함께 있게 하기 위함'이라고 했다. 그것도 일주일에 168시간을!

그런 식으로 주님과 함께 한달 정도를 생활했던 사

람들은 그런 삶이 주는 위력을 느낄 수 있었을 것이다. 그것은 마치 중심에서 주변까지 새롭게 태어나는 것과 흡사했다. 그런 시도를 해 본 사람들은 전부 다 변화되었다. 그리고 그런 시도는 이 세상도 변화시킬 것이다.

그럼 오늘을 사는 우리는 어떻게 그런 시도를 할 수 있을까? 그에 대한 대답은 어린아이라도 이해할 수 있을 만큼 간단하다. 실제로 '어린아이처럼' 되지 않으면 우리는 성공하기 힘들다.

1. 시간을 내어 성경을 공부하라

복음서에 기록된 예수님의 생애를 적어도 하루에 한 시간씩 기도하면서 주의 깊게 읽고 또 읽으라. 다양한 성경 번역들을 접하고 새로운 방법들을 찾는다면 성경 읽기는 결코 지루하지 않을 것이며 신나고 감동적인 시간이 될 것이다. 이 세상에 사셨던 예수님의 족적들을 밟아가면서 그분과 함께 갈릴리 호숫가를 걷게 될 것이다.

2. 예수님을 뗄 수 없는 단짝으로 만들라

주님을 생각하기 위해서 적어도 1분에 1초씩 예수님의 이름을 불러 보라. 하던 일을 멈추거나 다른 일을 잊어버리지 않더라도 얼마든지 우리의 모든 일과 생각과 말에 그분을 초대할 수 있다. 수많은 사람들이 그런 실험을 한 결과 깨어있는 매시간과 분마다 주님과 동행하는 법을 터득하게 되었다. 사실 이 새로운 습관은 타자를 배우는 것보다 어렵지 않아서 시간이 지나면 숙달된 사람이 편지 한 장을 쓸 때보다 더 적은 노력으로 매분마다 주님 생각하는 비율이 높아질 것이다.

이 두 가지를 실행하는 데 많은 시간이 소비되기는 하겠지만 그것이 다른 일들을 행하는 데 방해가 되지는 않을 것이다. 오히려 그 일들에 그리스도가 임하여 더 좋은 성과를 내도록 만들어 줄 것이다. 또한 그러한 습관은 우리의 신앙을 견고하게 유지시켜 줄 것이다. 만일 어떤 환자의 체온이 날마다 달라진다면 의사는 그가 심각한 병에 걸렸다고 간주할 것이다. 신앙도 마찬가지다. 영적인 열기와 냉기 사이에서 오락가락하지 않고 온종일 주님을 향하도록 부드럽게 압박하는 믿음이 있으면 그것이 곧 건강한 신앙을 가졌다는 하나의 징표인 셈이다.

하나님의 임재 안에서 사는 것은 실험이 아니다. 이미 수많은 사람들에 의해 증명이 끝난 일이다. 사실은 모든 시대의 영적 거인들이 그것을 알고 있었다. 오늘날에도 그렇게 사는 그리스도인들은 더욱 열정적이고 멋진 삶을 살고 있으며 꾸준히 주님을 증거하고 있다.

악의 노예가 되었던 사람들은 그로 인해 참된 자유를 얻었다. 가톨릭과 개신교는 하나님의 임재 안에 사는 것을 믿음의 핵심으로 삼고 있다. 보수 교단과 진보 교단들 모두 자신들에게 필요한 것은 바로 그것임을 인정한다.

이 책자의 내용을 읽고 도움을 받은 사람들은 감사한 마음에 대량의 책을 구매하여 지인들에게 나누어 주기도 하였다. 이 책을 읽은 전 세계 각국의 독자들은 '1분 게임'을 통해 패배가 승리로 바뀌고 절망이 기쁨으로 바뀌었다는 간증들을 나에게 보내왔다.

이 책이 제시하는 방법의 결과는 한 달 이내에 분명하게 나타날 것이고, 6개월 후에는 더 풍요로워질 것이며, 10년이 지나면 영광스러워질 것이다.

어떤 사람은 이렇게 말할지도 모른다. "이 방법은 너무 정통적이고 구식이야." 사실은 모든 시대의 위대한 성인들의 비결이 바로 이것이었다. 바울은 쉬지 말고 기도하라고 했으며, 무슨 일이든 하나님께 간구하라고 했다. 또한 '하나님의 영으로 인도함을 받는 사람은 곧 하나님의 아들'이라고 말했다.

'1분 게임'에서
이기는 방법

자기 자신에게 완전하게 만족하는 사람은 아무도 없다. 누구나 인생에는 빛과 그림자가 있고 좋은 날은 적은 반면 불만족스런 날은 훨씬 많기 마련이다. 예수님께 가까이 다가서 있을 때에는 좋은 날과 좋은 순간들이 더 많지만, 주님을 우리 생각에서 밀어냈을 때에는 힘든 날이 훨씬 많다는 것도 경험을 통해 알고 있다. 그렇다면 지속적으로 삶의 질을 높일 수 있는 방법은 우리가 하는 모든 언행에 주님을 초대하는 것밖에 없다는 사실이 분명해진다.

굳은 의지와 결심은 충분하지 못하다. 그것은 그동안의 경험이 잘 말해 준다. 우리는 자신의 삶을 질서 있고 올바른 방식으로 훈련해야 한다. '1분 게임'은 영적 관점에서 질서 있고 올바르게 우리의 삶을 훈련하는 방법을 이야기한다. 이미 많은 사람들이 이 게임을 통해 큰 도움을 받았다. 하나님과 '동행'했다는 에녹만큼이나 오래된 방식에 붙여진 새로운 이름인 셈이다. 이것은 대부분의 사람들이 알고 있지만, 대부분의 사람들이 실천하지 않는 그런 삶의 방식이기도 하다.

어떤 이들은 이것이 로렌스 형제의 '하나님의 임재 연습, *Practicing the presence of God*'에 대한 새로운 형태의 연습이라는 걸 즉각 알아챌 것이다.

내가 무엇을 '게임'이라고 부르는 이유는 매우 유쾌

하고 신나는 영성 훈련이 될 것이기 때문이다. 그러나 또한 이것이 단순한 게임 이상의 것임을 알게 되는 데는 그리 오래 걸리지 않을 것이다. 처음에는 아름다운 정원처럼 보이다가, 다음 순간에는 그 정원이 하나의 나라로 확장되고, 나중에는 새로운 세계를 탐구하고 있다는 걸 깨닫게 될 것이기 때문이다. 시적으로 들릴지 모르나 그동안의 경험으로 보건대 이것은 결코 과장이 아니다.

어떤 사람들은 이 책을 읽고, '1분 게임'을 한 이후, 어두운 감옥에서 나와 비로소 사람답게 살게 되었다고 말하기도 했다. 여전히 같은 세계를 보고 있는데도 예전과 똑같지 않은 이유는 그 세계가 새롭고 황홀한 색채를 띠고 있으며 훨씬 더 깊은 의미를 지니고 있기 때문이다. 감사하게도 이 영적이고도 즐거운 탐험은 누구에게나 무료다. 가난하든 부자든, 배웠든 못 배웠든,

과거가 좋든 나쁘든, 유명하든 아니든 상관없이 "오라"(계 22:17)고 하신다. 세상에서 가장 귀한 것을 누구나 가질 수 있는 것이다!

'1분 게임' 역시 다른 습관들을 형성할 때처럼 쉽기도 하고 어렵기도 하다. 지금까지 당신은 일주일에 몇 초, 혹은 몇 분 정도만 하나님을 생각했을 것이다. 그리고 나머지 시간에는 하나님에 대한 생각을 전혀 하지 않았을지도 모른다. 그러나 이제는 로렌스 형제처럼 깨어 있는 시간의 각 분마다 하나님에 대한 생각을 하려고 노력해야 한다. 이런 식으로 급작스럽게 습관을 변화시키려면 처음에는 많은 노력이 필요할 것이다.

개중에는 눈에 잘 띄는 곳에 예수님 그림들을 걸어 두는 게 도움이 된다고 하는 사람들이 있다. 예수님을 최고로 온화하고 다정하게 표현한 작은 그림들을 수집하는 것도 하나의 즐거운 취미가 될 수 있을 것이다. 그 그림들을 쳐다보는 순간 나만의 성전에 세워질 테니까 말이다.

어떻게
시작할 것인가?

    당신에게 가장 적합한 시간을 택하라. 적어도 1분에 한 번씩 기억한다면 한 시간 동안 총 몇 분이나 하나님을 기억하는지 시도해 보라. 다시 말해서, 적어도 1분당 1초는 하나님을 생각하라는 것이다. 매초마다 하나님을 기억할 필요는 없다. 우리의 뇌는 빠른 물살처럼 이런저런 생각들로 옮겨 다니기 마련이다.

    처음에 당신의 점수는 아주 낮을 것이다. 하지만 계

속 시도하라. 그러면 할 때마다 조금씩 쉬워지고 나중에는 거의 자동적으로 매초마다 하나님을 기억하고 생각하게 될 것이다. 그것이 습관 형성의 법칙이다. 처음에 속기를 하려고 하면 굉장히 어색하다. 피아노를 배울 때나 자전거를 배울 때, 혹은 새로운 근육을 사용할 때에도 마찬가지다.

'1분 게임'을 시도해 보면 영적으로 당신은 아직 연약한 아기와 같다는 걸 알게 될 것이다. 요람 속의 아기는 무엇이든 가까이 있는 것을 붙잡고 힘을 주면서 간신히 일어선다. 그렇게 몇 초 동안은 비틀거리며 서 있지만 이내 힘을 잃고 주저앉고 만다. 그래도 아기는 거듭해서 다시 시도를 하고 시도할 때마다 조금씩 일어서 있는 시간이 늘어난다. 우리가 하나님을 생각하려고 할 때에도 그 아기와 같다. 처음에는 뭔가 붙잡을 것이 필요하다. 우리의 생각은 비틀거리고 주저앉는다. 그러다가 다시 시도하면 또 일어선다. 새롭게 시도할 때마다 우리는 좀 더 잘하게 되고, 언젠가는 하루의 90% 정도까지 하나님을 기억할 수 있는 날이 올 것이다.

교회에서
시작하기

'1분 게임'을 교회에서 하게 된다면(하나님에 대한 설교도 함께 하라) 좋은 출발을 할 가능성이 높다. 우리 교회에서 이 게임을 처음 시도했을 때, 나는 다음과 같은 쪽지를 모든 교인들에게 나누어 주었다.

> 1분 게임 점수 카드
>
> 지난 한 시간 동안 나는 총 _____ 분 동안 하나님을 생각하였다.
>
> 서명 _____

　주일 예배를 시작할 때 목사는 이런 광고를 했다. "여기 계신 모든 성도들은 한 시간이 지났을 때 이 점수 카드를 작성하시기 바랍니다. 작정하신 시간만큼 하나님을 생각하기 위해서 주변의 어떤 것이든 사용하셔도 좋습니다. 가령 십자가를 쳐다본다든지, 성경책이나 찬송가를 펼친다든지, 하나님을 생각하게 하는 성경구절들을 바라본다든지, 어떤 방법이든 사용하시기 바랍니다."

당시의 대예배 설교는 '1분 게임'을 어떻게 하는가에 대한 설명이었다. 그리고 정확히 한 시간이 지났을 때 점수 카드를 거두었더니 적게는 5분을 생각한 교인도 있었고 많게는 60분 내내 생각한 교인도 있었다. 평균은 44분이었는데 이것은 한 시간의 73%에 해당하는 시간이었다. 처음 시작하는 사람들치곤 매우 우수한 성적이었다. 다른 한편으로 볼 때 이런 실험은 성도들이 평소보다 더 설교를 집중해서 듣게 만들고 설교자는 하나님께 더욱 가까운 설교를 해야겠다는 결심을 하게 한다.

교회에 있을 때 75%를 달성했다면 그 날의 나머지 시간에도 좋은 점수를 올릴 가능성이 매우 높다. 문제는 새로운 상황에서도 하나님을 그렇게 많이 생각할 수 있느냐는 것이다.

점수 카드를 작성하는 시간은 절대로 한 시간을 넘

기지 말아야 한다. 만일 한 시간도 힘들다면 더 짧은 시간을 책정하라. '1분 게임'을 익히는 게 새로운 즐거움이 되어야지 부담스런 작업이 되어서는 안 된다.

교회에서
집으로 갈 때

그렇다면 거리를 오고가는 사람들 틈에서도 '1분 게임'에 승리할 수 있을까? 그렇다! 그 동안의 실험 결과가 성공할 수 있음을 입증했다. 방법은 길에서 만나는 사람들을 위해 짤막한 기도를 드리는 것이다. 한 사람의 눈을 정면으로 응시하면서 즉석 기도를 드리는 건 쉬운 일이다. 게다가 상대가 나를 보며 미소까지 짓는다면 그 기도를 좋아한다는 기분 좋은 증거가 될 것이다! 정말로 그런지 시험 삼아 해 보기를 바란다. 의외로 대단히 즐거운 일임을 알게 될 것이다.

30분간 거리를 걸으면서 마주치는 모든 사람들을 위해 기도하면 피곤하기는커녕 배터리를 충전한 듯 힘이 솟구치는 것을 느낀다. 오히려 피곤하여 지쳤을 때 피곤을 풀어 주는 강장제 역할을 하는 것이다.

때로는 길을 걸어가면서 오른쪽에는 내가, 왼쪽에는 보이지 않는 친구인 예수님이 있다고 가정하며 그분과 나란히 걷는 모습을 상상해 보라. 그러면서 거리에서 마주치는 사람들을 위해 속으로 그분과 대화를 나누라. 예를 들면 이렇게 하는 것이다.

"사랑하는 주님, 지금 우리 곁을 지나가는 저 남자를 위해 우리가 무엇을 해 주면 좋을까요?"라고 묻는 것이다.

그런 다음에는 예수님이 대답하셨을 법한 얘기를 혼자 조용히 속삭이라.

'1분 게임' 기록하기

교회에서 집으로 갈 때

예수님을
생각나게 하는 곳

주님을 생각하는 데 도움이 될 만한 것이면 무엇이든 사용하길 바란다. 그 중의 하나가 특정한 장소에서 주님을 생각하는 것이다. 물론 예수님은 영이시고 한 번에 어디에나 계신다. 그러므로 어디에서든 그분의 존재를 실감할 수 있다. 그러나 안 보이는 그분을 어떤 의자에 앉아 계신 것처럼 상상하거나 자신의 옆에서 걷고 계신 것처럼 상상함으로써 주님을 생각하는 데 성공하는 사람들이 많다. 또 어떤 이들은 좋아하는 예수님 그림을 뚫어지게 쳐다보다가 어느 순간 그분을 상상만 해도 머릿속에 그 그림이 떠오를 정도가 되어 거의 그분을 보는듯한 느낌을 갖기도 한다. 실제로 꿈에서 예수님을 보았다는 사람들도 많다. 어떤 이들은 사도 바울처럼 가슴속에서 그분을 느끼기도 하고 성 패트릭처럼 그분의 온화한 후광 속을 걸어가듯 자신의 주변, 위, 아래, 앞뒤에서 주님을 감지하기도 한다. 누구나 주님을 더욱 가깝고 친근하게 느낄 수 있는 나름의 방법을 개발하면 된다.

'1분 게임' 기록하기

35

예수님을 생각나게 하는 곳

기차나
군중 속에 있을 때

주변에 있는 모든 사람들을 쳐다보면서 계속하여 "주님!", "예수님!", "하나님!"이라고 속삭이라. 우리는 예수님이 그러셨던 것처럼 양면의 것을 보려고 해야 한다. 즉, 현재 보이는 상대방의 모습과 함께, 예수님이 앞으로 만들고 싶어 하시는 그 사람의 모습을 바라봐야 한다. 우리가 누군가를 위해 기도할 때 마치 말을 건 것처럼 뜻밖의 반응을 보이는 사람들이 있다. 특히 어린아이들이 그렇다. 어떤 방에서 몇 사람이 그곳의 다른 사람들을 위해 기도하면 그 방의 분위기 자체가 바뀐다. 모임이나 군중 속에서 조용히 예수님의 이름을 부르다가 기회가 생기면 사람들을 도와주는 것도 어쩌면 매우 훌륭한 사역이 될 수 있을 것이다.

차머스 박사는 전화가 걸려올 때마다 "하나님의 자녀가 지금 나와 이야기하려고 한다."라고 자신에게 중얼거린다고 한다. 우리도 누군가 말을 걸어오면 그렇게 중얼거려 보자.

만일 이 땅에 사는 모든 사람들이 위의 내용들을 그대로 실천한다면 우리는 '이 땅에서의 천국'을 맛보게 될 것이다. 이것은 결코 경건한 시어(詩語)가 아니다. 우리는 어떤 일이 일어나는지를 실제로 목격했다. 당신이 직접 이번 일주일 동안에 시도해 보라. 그러면 이상한 힘이 당신 안에서 생겨나는 것을 감지하게 될 것이다. 영국에서의 메시지가 롱아일랜드에서 미국 전역으로 방송되듯이 우리도 그리스도를 위한 영적 방송인들이 될 수 있다. 우리 뇌에 있는 모든 세포들은 전기 배터리가 되어서 예수님이 사람들(우리의 도움 없이는 도저히 예수님의 음성을 들을 수 없는 영적 귀머거리들)에게 간절히 하고 싶어 하시는 말씀을 크게 들려 주는 도구로 사용될 것이다.

'1분 게임' 기록하기

기차나 군중 속에 있을 때

대화를 할 때

당신의 집에서 친구들 몇 명이 평범한 대화를 나누고 있다고 가정해 보라. 당신은 적어도 1분에 한 번씩 하나님을 떠올릴 수 있겠는가? 물론 힘들 것이다. 그런데 우리는 도움 되는 방법들을 사용하면 성공할 수 있다는 것을 알게 되었다. 그럼 여기에 유용하다고 입증된 방법들 몇 가지를 소개해 보겠다.

1. 눈에 자주 뜨이는 곳에 예수님 그림을 붙여 놓으라.
2. 옆에다 빈 의자 하나를 갖다 놓고 그곳에 보이지 않는 주님이 앉아 계시다고 상상하라. 가능하다면 당신의 손을 뻗어서 마치 주님의 손을 잡듯 그 의자를 잡으라. 그곳에 주님이 계시다. 왜냐하면 "보라, 내가 너희와 항상 함께 있으리라."고 말씀하셨기 때문이다.
3. 기도에 관한 찬송을 속으로 흥얼거리라. 예를 들면 "주님의 뜻을 이루소서. 고요한 중에 기다리니……"와 같은 찬송을 하는 것이다.
4. 함께 있는 사람들을 위해 한 사람씩 돌아가면서 속으로 기도해 주라.
5. 계속해서 이렇게 속으로 기도하라. "주님, 제 머릿속에 당신의 생각을 넣어 주세요. 무슨 말을 해야 할지 알려 주세요."
6. 가장 좋은 것은 함께 있는 사람들에게 '1분 게임'에 대

해 이야기하는 것이다. 혹시 그들이 관심을 보인다면 주님을 생각하는 데 아무런 장애도 없을 것이다. 다른 사람들에게 하나님에 대해 이야기해야 그분을 계속 생각할 수 있다.

'1분 게임' 기록하기

대화를 할 때

식탁에서 밥을 먹을 때

앞서 말한 모든 방법들은 식사를 할 때 유용하게 사용할 수 있다. 가능하다면 당신의 보이지 않는 손님(예수님)을 위해 빈 의자 하나를 옆에 갖다 놓으라. 주님은 두세 사람이 모인 곳에 함께 있겠다고 하셨다. 또 하나 좋은 방법은 퀘이커 교도(Quaker, 종교친우회)들이 식사에 대해 믿고 있는 것을 기억하는 것이다. 유월절에 예수님은 '나를 기념하며 이것을 먹으라'(고전 11:24)고 말씀하셨다. 퀘이커 교도들은 이것이 유월절의 거룩한 빵만이 아니라 모든 음식을 가리켜서 하신 말씀이라 믿고 입에 들어가는 음식은 전부 우리를 위해 찢긴 주님의 몸이라고 생각한다.

식탁에서 이 책자를 읽고 그 내용을 다 같이 토론하는 것도 좋은 방법이다. 식탁에 앉아 있는 사람들이 함께 주님을 생각하기로 동의한다면 큰 도움이 될 것이다.

'1분 게임' 기록하기

47

식탁에서 밥을 먹을 때

책을
읽을 때

신문이나 잡지나 책을 읽을 때 그 내용을 예수님께 읽어드리라. 예수님이 앉아 있다고 가정하는 빈 의자나 주님의 그림을 힐끗힐끗 쳐다보면서 자신이 읽고 있는 내용에 대해 속으로 그분께 계속 말을 거는 것이다. '과학책들은 하나님이 자신의 우주를 어떻게 운영하시는지 알려 주는 그분의 편지들'이라고 카가와(Kagawa)는 말했다.

혹시 편지를 개봉해서 그 내용을 예수님과 함께 읽은 적이 있는가? 그럴 때 주님은 웃긴 이야기에 미소를 지으시고, 성공한 일에 우리와 함께 기뻐하시고, 삶의 비극에 우리와 함께 우신다는 것을 알아챘는가? 지금껏 한 번도 그렇게 한 적이 없다면 당신은 인생의 가장 달콤한 경험들을 놓치고 있는 것이다.

'1분 게임' 기록하기

51

책을 읽을 때

생각에
잠겨 있을 때

의자에 등을 기대고 어떤 문제를 골똘히 생각할 때에는 어떻게 하나님을 떠올릴 수 있을까? 그 때는 새로운 습관을 들이면 된다. 생각이란 건 원래 말없는 언어이며 자기 자신과의 내면적 대화다. 따라서 자기 자신과 이야기하는 대신에 예수님과 이야기하는 습관을 들이면 된다. 이 방법을 시도해 본 사람들은 이전보다 훨씬 더 기발하고 좋은 생각들이 떠오르는 걸 발견하고 예수님 없이는 두 번 다시 생각을 하지 않겠다는 말까지 한다. 당신 옆의 빈 의자에 주님이 앉으셔서 당신과 이야기를 하신다고 상상하면 더 도움이 된다. 질문을 하고 난 뒤에는 예수님이 그 질문에 대답하셨을 법한 이야기를 혼자 해 보라. 이렇게 하면 모든 문제에서 예수님과 상의를 할 수 있게 된다.

머릿속에 떠오르는 모든 생각을 '예수님과의 대화'로 만드는 것만큼 우리 생각을 고결하고 건전하게 유지시키는 방법은 없다. 어떤 종류의 악한 생각이 들어오든 우리는 이렇게 말해야 한다.

"주님, 이 생각은 당신과의 대화에 어울리지 않습니다. 제 머리에서 당신의 생각을 하도록 도와주소서."

그 결과는 즉각 '정결함'으로 나타난다.

'1분 게임' 기록하기

생각에 잠겨 있을 때

혼자서
산책할 때

밖에 나가서 혼자 산책을 할 때 '아름다움은 하나님의 음성에 있다'는 것을 상기한다면 최소한 1분마다 한 번씩 하나님을 생각하는 데 어려움이 없을 것이다. 이 세상의 모든 꽃과 나무, 강과 호수, 산과 노을은 하나님의 말씀이다.

"참 아름다워라 주님의 세계는……."

그러므로 무엇이든 아름답고 멋진 것이 보이면 이

렇게 질문하라.

"사랑하는 주님, 이것, 이것, 이것을 통해 저에게 무슨 말씀을 하고 계신 건가요?"

남에게 들릴 염려 없이 혼자 크게 말할 수 있는 장소에 있다면 당신 안에서, 혹은 당신 옆에서 동행하고 계신 보이지 않는 주님께 소리 내어 이야기해도 좋을 것이다. 주님 마음에 가장 크게 자리 잡고 있는 것이 무엇인지 여쭙고 주님이 대답할 법한 이야기를 소리 내어 자신에게 대답해 보라.

물론 우리가 주님의 대답이라고 추측하는 생각이 항상 옳지는 않을 것이다. 그럼에도 주님의 대답이라는 확신이 들 때가 꽤 많다는 사실에 놀랄 것이다. 우리의 대답이 옳은지 그른지에 너무 신경을 곤두세울 필요는 없다. 대답이 중요한 게 아니라 주님이 중요하기 때문이다! 하나님의 충고나 선물보다 하나님 자신이 한없이 중요하다. 사실은 그분 자신이 가장 큰 선물이다. 사랑에 빠진 연인들은 상대가 무슨 말을 하고 무엇을 주는지에 큰 관심을 쏟지 않는다. 그들에게 중요한 건 상대가 자신의 것이고 지금 자기 곁에 있다는 사실뿐이다. 하나님과의 대화를 통해 얻는 가장 큰 유익은 그분과의 친밀함이다. 우리는 황홀한 천국의 시간들을 연속해서 가질 수 있다. 혼자 산책하는 동안에도 그런 일이 가능한데 이런 가장 큰 삶의 기쁨을 놓치는 사람들은 얼마나 어리석고 불행한 자들인가!

그러나 무엇보다 감격스러운 것은 그리스도가 내 안에 사신다고 했던 사도 바울의 말처럼 우리가 그분의 모든 속삭임에 순종할 때 주님이 우리 안에 사시고, 우리 생각 속에 거하시고, 손이 닿는 곳에 계시고, 우리의 음성으로 이야기하신다는 사실이다.

'1분 게임' 기록하기

혼자서 산책할 때

잠자기 전
마지막 생각

밤에 잠자리에 누웠을 때는 예수님 그림이나 성경책, 십자가 등의 물건들이 감기는 눈에 마지막으로 들어오도록 하라. 마음에서 우러나오는 어떤 사랑의 표현이든 계속해서 주님께 속삭이라. 하루 종일 주님과 동행했다면 꿈속에서도 그분이 친밀한 동행자로 등장하실 것이다. 그런 날에는 기쁨의 눈물로 베갯잇을 적시며 잠들기도 하고 주님의 부드러운 손길이 이마를

어루만지는 느낌을 받기도 한다. 보통은 깊은 감정을 느끼지 못하지만 '지각엔 뛰어난 하나님의 평강'만은 언제나 마음에 흘러넘친다. 이것이 하루의 완벽한 마무리인 것이다.

'1분 게임' 기록하기

잠자기 전 마지막 생각

월요일 아침

일요일에 '1분 게임'에서 50% 이상의 점수를 올렸다면 바쁜 월요일에도 실험을 계속하려는 의욕이 솟구칠 것이다. 아침에 눈을 뜨고 벽에 걸린 예수님 그림이 눈에 들어오는 순간 "자, 주님, 이제 일어나 볼까요?"라고 말하라. 어떤 사람들은 아침에 세수하고 옷 입을 때, 신발을 닦고 옷을 고를 때에도 계속해서 주님께 작은 소리로 이야기한다. **주님은 우리 일상의 작은 일에**

도 관심을 갖고 계신다. 그 이유는 엄마가 아기를 사랑하는 것보다, 혹은 연인이 서로를 사랑하는 것보다 더욱 우리를 사랑하시기 때문이다. 우리가 의문 나는 것을 질문할 때마다 행복해하시기 때문이다.

'1분 게임' 기록하기

월요일 아침

직장에서
일할 때

직장에서 정신적, 혹은 육체적인 온갖 형태의 일을 하는 사람들이 계속해서 하나님을 생각하려고 노력한 결과 더 행복해지고 일에서도 좋은 성과를 거두고 있다. 최악의 견디기 힘든 날을 보낸 사람들도 보이지 않는 동행자가 곁에 있다는 생각에 새로운 힘을 얻기도 한다. 물론 사회에 해악이 되는 일을 하고 부당한 이득을 챙기는 사람들은 주님과의 동행을 기대할 수 없다. 그러나 정당한 일을 하는 사람이라면 하나님이 작업 중에 함께 해 주실 것이다. 목수가 조용히 하나님과 얘기하며 일하면 더 능률적인 작업을 하게 될 것이다. 예수님도 목수로 일하실 때 분명히 그렇게 하셨으리라 믿는다. 편지를 쓰거나 책을 집필할 때 이렇게 말하는 것이 큰 도움이 된다.

"주님, 머릿속에 당신의 생각을 하게 해 주십시오. 어떤 글을 쓰기를 원하시나요? 여기에 저의 손이 있으니 사용해 주십시오. 저의 손을 통해 당신의 지혜가 흘러나오게 해 주십시오."

그럴 때 생각은 더 빨리 떠오를 것이고 더 좋은 글이 나올 것이다. 하나님은 당신과 공동 저자가 되기를 좋아하신다!

'1분 게임' 기록하기

직장에서 일할 때

상인들과 은행원들

상인들은 고객을 대하는 동안에 속으로 중보기도를 하라. 그러면 고객의 마음을 얻을 수 있을 뿐 아니라 사업도 번창하게 될 것이다. 물건을 소개하면서 속으로 고객을 위해 기도하는 영업사원은 물건을 팔 가능성이 훨씬 더 높아진다. 회계사나 은행원들도 장부에 숫자를 적을 때마다 하나님께 기도하면서 하나님이 자신보다 더욱 그 숫자에 관심을 갖고 계심을 명심

하라. 유명한 천문학자인 제임스 진스(James Jeans)는 "하나님은 우주 최고의 수학자로서 아인슈타인을 약 오르게 할 만한 수학 방정식을 계속해서 사용하신다."고 말했다.

'1분 게임' 기록하기

상인들과 은행원들

집에
있을 때

여성들은 집에서 요리와 설거지, 청소, 바느질, 육아를 하는 동안 주님과 친밀하게 동행할 수 있다. 이때 도움이 될 만한 방법들을 몇 가지 소개하겠다.

1. 하나님이 도와주길 원하신다는 걸 명심하고 사소한 일들도 속삭이듯 말씀드리라.
2. 좋아하는 찬양을 부르거나 흥얼거리라.

3. 자녀들에게 '1분 게임'을 어떻게 하는지 알려 주고 놀이를 통해 함께 해 보자고 권유하라. 아이들은 이 게임을 하는 동안 자제력이 생기게 될 것이고 별도의 훈육이 필요 없어질 것이다.
4. 계속 주님을 생각할 수 있도록 예수님 그림들을 집 안 곳곳에 걸어두라.
5. "당신의 생각을 제 머릿속에 넣어 주소서."라고 무시로 기도하라.

'1분 게임' 기록하기

집에 있을 때

학교에
있을 때

학교에서 '1분 게임'을 하는 학생들이 많아지면서 그들은 자신들이 어떻게 게임을 했는지 말해 주었다. 여기에 그들의 비결을 소개하겠다.

공부하는 시간에는 이렇게 기도한다.
"주님, 저에게는 귀중한 40분의 시간이 있습니다. 생각을 집중하게 도와주셔서 한순간도 허비하지 않게 해 주세요. 이 첫 번째 단원에서는 무엇을 암기해야 하는지 가르쳐 주세요."

그런 다음에 교과서의 내용을 자신에게 읽어 주는 대신 주님께 읽어드린다.

암기하는 시간에는 이렇게 기도한다.

"주님, 제 머릿속을 맑게 해 주셔서 공부하는 모든 것을 외울 수 있게 해 주세요. 두려움을 몰아내 주세요."

다른 학생들 앞에서 발표하는 시간에는 이렇게 기도한다.

"주님, 저의 입술을 통해 말씀해 주세요."

시험을 볼 때에는 시험 보는 내내 이렇게 기도한다.

"주님, 제 머리를 맑게 해 주셔서 공부한 것들이 전부 기억나게 해 주세요. 이번 문제는 어떻게 풀어야 하나요?"

각각의 문제를 풀 때마다 예수님이 당신의 어깨 너머에서 바라보고 계신 모습을 상상해 보라. 물론 주님이 공부하지도 않는 내용을 알려 주지는 않으시겠지만, 당신의 기억력을 향상시키고 시험에 대한 공포심을 없애 주실 것이다. 혹시 누군가의 이름이 생각나지 않아서 기도했는데 갑자기 그 이름이 섬광처럼 스치는 걸 경험해 본 적이 없는가?

주님을 의지하는 이런 태도는 두말할 나위 없이 시험에서의 부정행위를 방지해 준다. 남의 답안지를 커닝하면서 주님의 도움을 바랄 수는 없는 노릇이다. 하지만 그런 면도 '1분 게임'을 해야 하는 좋은 이유가 된다. 지식이나 높은 점수보다 인격이 훨씬 더 중요하기 때문이다.

학교에서 인기 있는 사람이 되고 싶다면 다른 학생

과 이야기를 할 때마다 짧게 그를 위해 기도하는 습관을 들이라. 상대는 직관적으로 당신이 자기 행복에 관심이 있음을 알아차리고 그로 인해 당신을 좋아하게 될 것이다.

'1분 게임' 기록하기

학교에 있을 때

U자형 기도

아주 강력한 기도 형태 중의 하나는 여러 명의 친구들이 손을 맞잡고 U자 형태로 앉아서 기도하는 것이다. U자의 열린 부분에 제단을 하나 놓거나 예수님의 그림, 십자가, 성경책, 지구본 등을 놓아도 좋다. U자 형태는 기도가 필요한 모든 도시와 나라와 사람들에게 열려 있다.

이런 기도가 연상시키는 것은 전기가 흐르는 순간

에 엄청난 자력을 일으키며 움직이는 전동차의 모습이다. 우리는 성령의 충만함을 받아 세상을 움직이고 모든 사람을 그리스도께 인도하는 일에 사용되기를 바라고 있다.

U자 형태의 기도는 또한 전원을 켰을 때 전 세계로 전파되는 라디오 송신을 연상시킨다. 우리는 하나님의 방송기지 역할을 해야 한다.

전원과 연결되는 순간 라디오 진공관에서는 미세한 떨림과 함께 약하게 그르렁대는 소리가 감지되곤 한다.

식사 때마다 손을 잡고 기도하는 그리스도인 가정은 어떤 면에서 기도의 라디오 방송을 하는 것과 똑같다. 특히 젊은 사람들이 그것을 좋아할 것이다. 10분간 기도 방송을 함으로써 모든 주일학교가 활성화될 것이다.

U자형 기도를 드리면 사멸했던 기도 모임들이 살아난다. 학교와 대학, 공립과 사립학교들에서 U자형 기도는 학생들 사이에서 인기가 많다. 또한 이것은 개신교인들과 유대인들이 함께 할 수 있는 일이기도 하다. 그럼으로써 예배는 삶에서 가장 신나는 일이 될 것이다.

기도하는 사람들은 현 세계에서 시급하게 기도해야 할 것과 주요 인물들에 대한 기도 목록을 만든다. 아침 식사 시간에는 한 사람이 신문을 읽고 그날 아침 가장 기도가 필요한 문제와 사람들에 대해 이야기하는 것도 좋은 방법이다.

기도를 인도하는 사람은 이런 식으로 기도한다.

"주님, 참으로 중요한 이 시간에 우리가 할 수 있는 것은 뭐든지 하기를 원합니다. 기도하오니, 대통령이 당신을 갈구하고, 당신의 말씀을 듣고 순종하게 되도록 저희를 사용해 주십시오. 대통령을 당신의 손 위에 올려드립니다."

 그런 다음에 모든 사람들이 맞잡은 손을 위로 치켜든다. 이런 식으로 목록에 적힌 기도제목들을 위해 기도하면 된다. 기도를 모두 마친 뒤에는 누군가 주기도문을 외운다. 그러면 전 세계가 하나님의 손에 올라가게 되는 것이다.

'1분 게임' 기록하기

91

U자형 기도

놀거나
운동경기를 할 때

하나님도 우리만큼 재미있는 일에 관심을 갖고 계신다. 많은 그리스도인들이 운동을 하면서 하나님께 기도한다. 일부 유명 축구선수들은 경기 내내 기도하는 것이 좋은 경기력으로 이어진다는 사실을 오래 전에 발견했다. 유명한 육상 선수들 중에도 달리는 내내 기도를 하는 사람들이 있다. 만약 어떤 일이 우리에게 건강과 기쁨과 우정과 상쾌함을 준다면 하나님도 큰 관심을 나타내실 것이다. 왜냐하면 그분은 우리에게 관심이 있으시기 때문이다.

운동경기를 할 때에는 승리를 간구하지 말고 속으로 이렇게 기도하라.

"하나님, 정확하게 당신의 뜻이 이루어지게 하소서. 우리가 최선을 다할 수 있게 도와주시고 상대팀을 이기는 것보다 훨씬 중요한 일, 즉 정정당당하게 스포츠 정신을 발휘하여 우리 모두가 좋은 친구들이 되게 하소서."

'1분 게임' 기록하기

놀거나 운동경기를 할 때

하나님과 연인들

하나님과 함께 사랑을 키워가는 현명한 연인들은 그것이 비교할 수 없을 만큼 멋진 일임을 깨닫게 된다.

"하나님은 사랑이시라."

하나님은 애정이 듬뿍 담긴 남녀 간의 속삭임과 눈길을 깊이 공감하시는 분이시다. 부부가 함께 기도할 때 가정이 변했다는 유쾌한 간증들도 쏟아진다. 어떤 경우에는 서로의 신경을 건드리는 일이 있어도, 아침이나 밤에 이 '1분 게임'을 함께 함으로써 부부금슬이 '신혼기'처럼 좋아지고, 아름다워지고, 성숙해졌다는 사람들도 있다.

모든 정식결혼의 주관자는 하나님이시므로 그분과 더불어 서로를 사랑하는 부부, 함께 있을 때 서로의 눈을 바라보며 속으로 기도하는 부부에게 주님의 최고의 기쁨을 나눠 주신다.

매순간 예수님을 결속의 원동력으로 삼을 때 부부의 사랑은 한없이 깊어지고 시간이 갈수록 두 사람의 관계는 전보다 더욱 끈끈해질 것이다. 또한 이런 부부의 사랑이 자녀들에게 어떤 영향을 미칠지 생각해 보라.

'1분 게임' 기록하기

99

하나님과 연인들

곤경에 처했을 때

　예수님을 영접하고 하나님의 임재 속에 사는 법을 훈련하는 사람에게도 고난과 역경이 찾아온다. 하지만 그런 어려움도 주 안에서의 새로운 기쁨에 비하면 아무것도 아닌 것처럼 느껴진다. 하루 종일 주님과 함께 지냈을 때는 지진이나 화재, 가뭄, 혹은 다른 재앙이 덮쳐도 바울이 난파선에서 그랬던 것처럼 두려워하지 않게 된다.

"온전한 사랑이 두려움을 내쫓는다."

'1분 게임'에 관한 이 책은 집이나 병원에서 병마와 싸우는 사람들에게 특히 유용하다고 할 수 있다. 간호사들 말에 따르면 사람들은 그 어느 때보다 몸이 아플 때 하나님을 가장 많이 생각한다고 한다. 병의 회복기에 있는 사람들은 특히 하나님을 생각할 수 있는 여유 시간들이 많다. 그럴 때 '1분 게임'을 한다면 빠른 회복을 위한 최적의 정신 상태를 만들 수 있을 것이다.

지속적으로 하나님을 의식하려고 애쓰는 사람들은 죽음에 대한 공포가 사라지는 걸 발견하곤 한다. 이미 고인이 된 사랑하는 사람들에 대해서도 신기할 정도의 새로운 친밀감이 생기기도 한다. 비록 눈으로 볼 수는 없어도 그들은 분명 예수님과 함께 있다. 주님이 그들과 함께 하시듯 우리와도 함께 하시니 그들이 더욱 친밀하게 느껴지는 것이다.

곤경에 처했을 때

'1분 게임' 기록하기

103

곤경에 처했을 때

'1분 게임'을
할 때 치러야 할 대가

첫 번째로 치러야 할 대가는 자기 뜻대로 하고 싶은 마음을 부드럽게, 그러나 지속적으로 억누르는 것이다. 이 세상에 노력과 집중 없이 이길 수 있는 게임이 어디 있겠는가?

두 번째로 치러야 할 대가는 인내하는 것이다. 처음에 낮은 점수가 나왔다고 실망할 필요는 전혀 없다.

누구나 한동안은 낮은 점수를 받게 되어 있다. 그러다가 시간이 지나면 점점 점수가 높아지고 힘도 덜 들어갈 것이다.

세 번째 대가는 완전한 순종이다. 우리 자신의 뜻이 반란을 일으키는 순간 우리는 그리스도를 잃고 만다. 인생의 어느 한 구석이라도 이기적이거나 악한 면을 버리지 않는다면 하나님의 완전한 통치를 거부하는 셈이고 작은 벌레 한 마리는 결국 과일 전체를 망치고 말 것이다. 우리는 전적으로 신실해야 한다.

네 번째로 치르는 대가는 다른 사람들에게 이야기해야 한다는 점이다. 만일 누군가 '1분 게임'에 실패하고 있다면 제일 먼저 그에게 이런 질문부터 던지라.

"아는 사람들에게 그 사실을 이야기하셨나요?"

예수님에 대해 이야기하는 사람만이 지속적으로 예수님을 생각할 수 있다.

다섯 번째 대가는 무리 속에 있어야 한다는 것이다. 마음과 생각을 나눌 수 있는 친한 사람들이 있어야 좋은 자극을 받게 된다.

'1분 게임'에
이길 때 받는 상

 '1분 게임'은 많은 부분에서 다른 게임들과는 분명히 다르다. 한 가지 차이점은 참여한 사람 모두가 승리한다는 것이다. 항상 이기거나 정한 시간의 절반 정도밖에 이기지 못한다고 해도 누구나 예전보다 더욱 풍성한 삶을 획득하게 될 것이고, 그것이 무엇보다 중요한 일이다. 중간에 포기하는 사람 외에는 어느 누구도 패배자가 되지 않는다. 그렇다면 승리자가 받는 상들의 몇 가지를 여기에 소개해 보겠다.

1. 토머스 아 켐피스가 '예수님과의 친밀한 우정' 이라고 말했던 관계가 개발된다. 우리의 보이지 않는 친구(예수님)와 날이 갈수록 더 가까워지고 정이 깊어지다가 나중에는 노래로만 '예수, 내 영혼의 연인(Jesus, Lover of my soul)'이라 부르지 않고 행복한 경험을 통해 실제로도 그분이 우리 영혼의 연인이 된다.

   모든 의심은 사라지고 그분이 함께 하신다는 확신이 다른 어떤 사람이 함께 한다는 확신보다 더욱더 강해진다. 이 다정하고도 강력한 사랑의 관계는 빠르게 무르익어서 결국은 사람들이 우리 눈에서 빛나는 영광을 보게 되고 우리와 주님의 관계는 시간이 갈수록 더욱 풍요롭고 빛을 발하게 된다.
2. 우리가 하는 모든 일들이 더 잘되고 순조롭게 풀려간다.

하나님이 우리 일을 도와주신다는 증거들이 날마다 하나 둘씩 쌓여가면서 단순히 책이나 설교자 때문이 아니라 실제 경험을 통해 하나님의 존재를 굳게 확신하게 된다.

3. 1분 게임을 하면서 주님을 떠올릴 때마다 우리의 생각은 깊은 산의 계곡물처럼 깨끗하고 순수해진다.

4. 성경과 찬송가가 예전과 달라 보인다. 왜냐하면 하나님과의 영광스런 체험을 했던 성인들의 훌륭한 생각들이 두 개의 책들에서 더욱 생생해지기 때문이다. 그러면서 그 성인들의 체험을 우리도 체험하기 때문에 그들이 맛본 행복을 이해하게 된다.

5. 하루 종일 만족감을 느끼게 된다. 어떤 일이 일어나도 주님이 함께 하시기 때문이다. "주님이 나와 함께 하시면 어디든 가리라."

6. 머릿속에 늘 예수님 생각이 넘쳐나서 다른 사람들에게 주님을 전하기가 쉬워진다. "마음에 가득한 것을 입으로 말

함이라"(마 12:34).

7. 원망, 시기, 증오, 편견이 녹아 없어진다. 작은 지옥은 작은 천국으로 변한다. 1분 게임에 참석했던 공동체들은 아름다운 변화를 맞이했다. 사랑의 해수면은 높아지고 원한과 이기심의 악마들이 그 속에서 익사한다. 그걸 보면서 우리가 깨닫는 것은 이 비정상적인 세상에서 유일한 소망은 사람들에게 '하나님의 임재 연습'을 권해 주는 것이라는 점이다.

8. "천재는 90%가 집중이다."라는 말이 있다. 집중이란 한 가지 일에 온 힘을 쏟는 것인데 1분 게임도 다른 집중과 마찬가지로 시간이 가면 어느 틈에 스스로도 놀랄만한 멋진 생각들이 머리를 스쳐가고 다음에는 하나님이 어떤 생각을 주실지 설레는 마음으로 기대를 하게 된다.

새로운 방식으로 하나님께 나아가기

기독교 신앙은 따분하고, 바보 같고, 졸린다는 생각은 하나님에 대한 모독이다. 하나님은 한없이 다양하게 세상을 창조하셨고 우리를 깜짝 놀라게 하는 것을 좋아하신다. 혹시 경건의 시간이 너무 졸려서 싫증이 난다면 하나님도 당신만큼이나 그 시간을 싫어하실 게 분명하다. 현재의 방식을 그만두고 새롭고 신나는 방식들 중의 하나를 선택해서 하나님께 다가가 보라.

만약 마음속의 열정이 식는 것을 발견했다면 라디오 채널을 돌리듯이 형태를 바꾸어서 새로운 방식으로 하나님께 나아가야 한다. 하나님의 언어를 아는 사람들에게는 이 세상의 모든 나무, 구름, 새, 오케스트라, 어린이, 도시, 비눗방울들이 하나님과 함께 생생하게 살아있다.

누구나
참여할 수 있는 게임

 사람들은 보통 하나님과의 동행을 너무 차원 높은 일로 생각하거나 일상의 모든 기쁨을 하나님과 나눔으로써 자신만의 은밀한⁽?⁾ 즐거움을 잃어버릴까 두려워한다. 하나님이 우리 행복을 죽이는 킬러라니 이 얼마나 터무니없는 오해인가! 하나님과 함께 시간을 보내는 것보다 신나고 즐거운 일이 없다는 기쁨의 함성들이 세계 도처에서 점차 높아지고 있는 이때에 야구장이나 경마장에서 시간을 보내는 것이야말로 참으로 어리석은 일이다.

하나님과 함께 하는 시간은 매순간이 새로운 시작이다

'1분 게임'은 강제적인 의무가 아니다. 더 풍요롭고 더 만족한 삶을 추구하는 사람이 아니라면 이 게임을 할 필요가 없다. 이것은 과분한 특권이다. 혹시 몇 분, 몇 시간, 며칠 동안 이 게임을 잊어버렸더라도 탄식하거나 자책하지 말고 씩 웃으며 다시 시작하길 바란다. 이처럼 즐거운 게임이 오만상을 찌푸린 참회로 돌변해서는 안 된다. 하나님과 함께 하는 시간은 매순간이 새로운 시작이다. 우리 앞에는 오직 무한한 기대감밖에 없어야 한다.

월트 휘트먼(Walt Whitman)은 별이 반짝이는 밤하늘을 보면서 이렇게 노래했다.

"떠나라 영혼이여, 돛을 달고 즉시 항해하라!
오, 과감한 희열이면서도 안전하여라!
저것은 모두 하나님의 바다가 아니던가?
오, 더 멀리, 더 멀리, 항해하라!"

이긴다는 것의 의미

'1분 게임'에서 '이긴다'는 것은 무슨 의미인가?

당신이 다음과 같은 일들을 한다면 이기는 것이다.

1. 기도함
2. 하나님을 생각함
3. 찬양을 흥얼대거나 노래함
4. 하나님에 대해 이야기하거나 글로 적음

5. 어떤 종류의 어려움이건 기도하면서 헤쳐 나가려고 애씀

6. 하나님의 임재를 의식하면서 일함

7. 하나님께 조용히 속삭임

8. 하나님이 자신을 품어 주시는 느낌을 가짐

9. 예수님에 대한 그림이나 상징을 바라봄

10. 하나님에 대한 시(詩)나 성경 구절을 읽음

11. 주님을 위해서 다른 사람을 도와줌

12. 만나는 사람들을 위해 짧게 기도함

13. 내면에서 들려오는 성령의 음성에 순종함

14. 하나님의 나라를 위해 계획을 세우거나 일함

15. 하나님과, 교회와, 이 게임에 대해 다른 사람들에게 이야기함

16. 다른 사람의 고통과 슬픔에 동참하고 위로함

17. 나무와 꽃과 시냇물과 언덕과 하늘 등에서 하나님의 음성을 듣고 그분을 봄

꼭 1분마다 무엇을 했는지 기록할 필요는 전혀 없다(꼭 하고 싶을 때 1시간에 한 번 정도 기록해 두는 것은 좋을 것이다). 지나친 기록은 일상생활을 방해하기 때문이다. 우리는 새로운 자유를 연습하는 것이지 새로운 속박을 연습하는 게 아니다. 너무 점수에만 연연하는 것도 금물이다. 그렇게 하면 이 게임의 즐거움을 상실하고 자발성도 약해진다. 오로지 시선을 예수님께 고정하고 시계에 고정하지 말라.

프랭크 루박의
1분 게임